FLIEGER
FIEBER

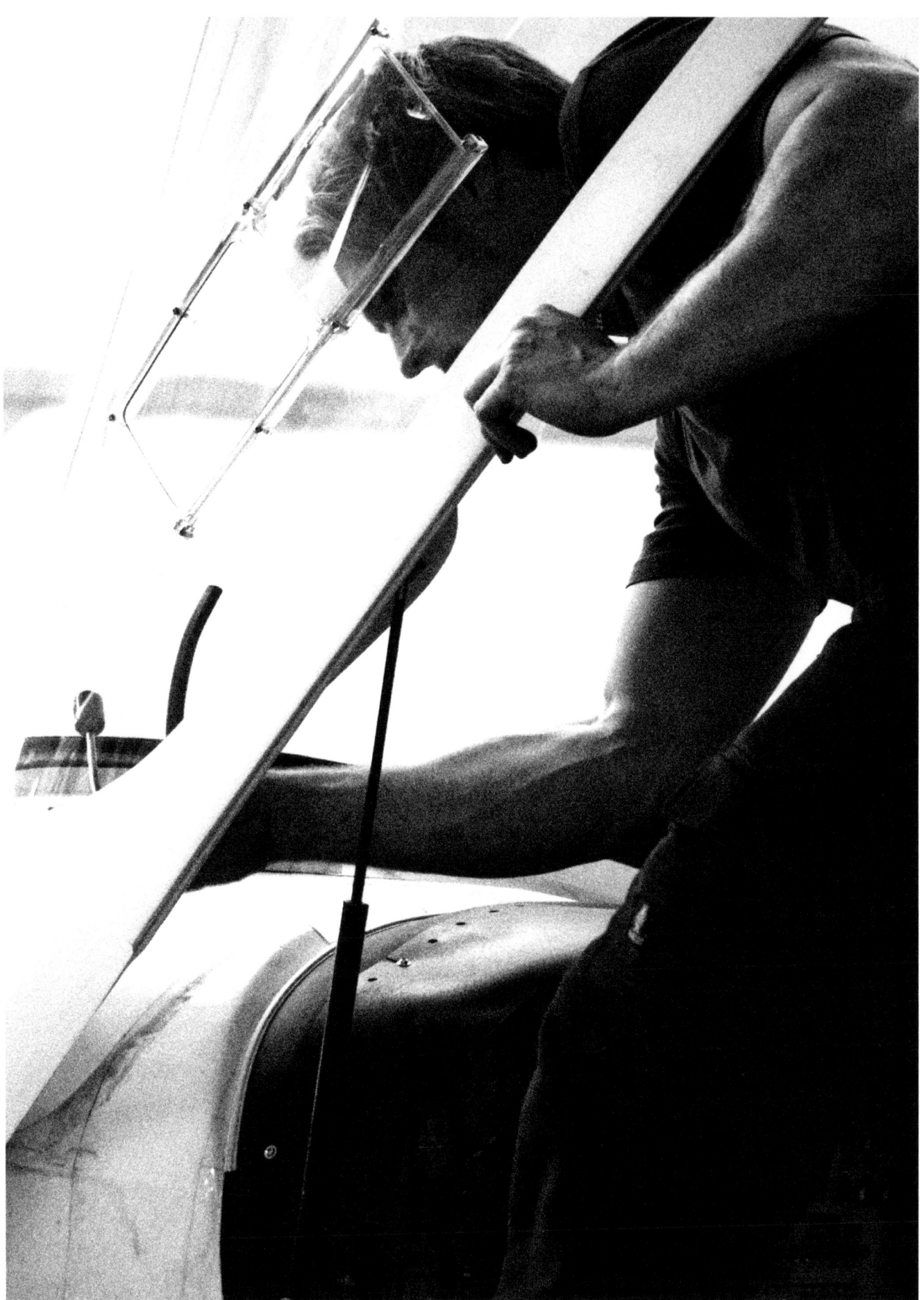

Daniela Wittmer

FLIEGER FIEBER

Freie Sicht auf Bern-Belp

Stämpfli Verlag

Impressum

Bibliografische Information der Deutschen Nationalbibliothek www.dnb.de.

© Stämpfli Verlag AG, Bern, www.staempfliverlag.com · 2017

Fotografin	Daniela Wittmer, Bern, www.schneeweiss.ch
Texte	Pierre Hagmann, Bern
Lektorat	Benita Schnidrig, Stämpfli Verlag AG
Bildbearbeitung	Youri Laubscher, Bern
Gestaltung	Christoph Bigler, Kleiner AG, Bern, www.kleinerag.ch
Gesamtherstellung	Stämpfli AG, Bern, www.staempfli.com

Die Verwendung von Abbildungen ist ohne die ausdrückliche Erlaubnis der Fotografin oder des Verlags nicht gestattet.

ISBN 978-3-7272-7904-1

Printed in Switzerland

Inhalt

Die Poesie von LSZB 7

Liebe, Lust und Kerosin 11

Punktlandung aus Prinzip 29

Familiair 49

Schön abgehoben 69

Uniformiertes Universum 87

Flughafengeschichten 102

Fotografin und Autor 110

Dank 111

Die Poesie von LSZB

Landeanflug auf Bern-Belp, von Nordwest nach Südost, direkt über das Bundeshaus hinweg, über dicht besiedeltes Gebiet, hinunter Richtung Belpmoos, zwischen Aare und Gürbe, wo an vielen Tagen Nebel in der Luft liegt und die Winde steif und quer blasen. In der anderen Richtung der Rollbahn, 1730 Meter lang, grüsst an schönen Tagen erhaben das Berner Dreigestirn Eiger, Mönch, Jungfrau wie ein schönes Versprechen der Welt jenseits von Bern-Belp: «Spick mi furt vo hie», singen da nicht nur Patent Ochsner.

Das Belpmoos ist alles andere als der ideale Ort für einen Flugplatz. Und doch wurde genau hier, 510 Meter über Meer, 7 Kilometer südöstlich der Bundesstadt, einer gebaut und am 14. Juli 1929 feierlich eröffnet. «Das Belpmoos ist der am dümmsten gelegene Flugplatz der Welt», meint denn auch Willy Kunz, Chefluglehrer der Flugschule Alp-Air Bern. Und fügt gleich hinzu: «Und der schönste.»

46° 54' 44'' N, 07° 29' 57'' E, so lauten die geografischen Koordinaten von Bern-Belp. In vier Buchstaben gemäss der Internationalen Zivilluftfahrt-Organisation (ICAO) steht LSZB für die Destination, die International Air Transport Association (IATA) braucht nur die drei Lettern BRN, damit das Gepäck beim Einchecken am fernen Flughafen auch in die richtige Maschine Richtung Bern-Belp verfrachtet wird. In Englisch, gemäss der Flughafen AG, lautet die offizielle Bezeichnung Airport Bern, und im Dialekt, für die Menschen, die da leben, ist es einfach das Mösli.

Saab-2000-Maschinen, Segelflugzeuge und Super Pumas teilen sich hier den Himmel mit Rohrammern und Wasserfledermäusen. Es ist der grösste Regionalflugplatz des Landes und schweizweit die Nummer vier hinter den Landesflughäfen Zürich, Genf und Basel. 190 000 Passagiere haben Bern-Belp 2015 frequentiert. Der Vergleich zum Flughafen Zürich klärt die Dimensionen: Kloten verzeichnet im selben Zeitraum 26,3 Millionen Fluggäste.

Über ein Jahr lang hat Daniela Wittmer mit ihrer Kamera das Treiben auf dem Flughafen festgehalten. Dass sie dies nicht im grossen Kloten, sondern eben im beschaulichen Belp getan hat, dafür gibt es gute Gründe. Erstens: Die Fotografin und Pilotin stammt aus Bern und hat auf diesem Platz fliegen gelernt.

Zweitens: Es ist, wie gesagt, der schönste Flugplatz der Welt. Und drittens: Er hat die ideale Dimension, um fotografisch das einzufangen, was die Fotografin abbilden wollte: den Menschen im Bann der Maschine, seine Faszination für das Fliegen, die Poesie dieser Liebe. Fliegerfieber eben.

Die ideale Dimension hat er deshalb, weil im Mikrokosmos Belp der einzelne Mensch nicht im Moloch der Abfertigung und Verwaltung verschwindet. Gleichzeitig verfügt der Platz über eine Grundausrüstung, wie sie auch an den grossen Airports üblich ist. Es ist alles da, bloss im familiäreren Rahmen. So konnte Daniela Wittmer mit ihrer Kamera nicht nur tief, sondern auch auf die ganze Vielfalt eines Flugbetriebes blicken.

Es ist freundlich hier, die Menschen strahlen Ruhe aus und sprechen gerne über ihren Beruf. 400 Arbeitsplätze bietet Bern-Belp, und diese Welt präsentiert sich als Hort der Konzentration, der absoluten Hingabe auch. Die Einzelne, der Einzelne geht zufrieden und zielstrebig einer Aufgabe nach, um sich in der Pause der «Kafirümlikultur» zu widmen, wie es ein junger Militärpilot nennt. Gut aufgehoben hebt es sich besser ab. Andere sagen: Belp, das ist eine Wohlfühloase.

Aus ökonomischer Perspektive ist die Berner Flughafendimension und das stark unterschiedliche Verkehrsaufkommen zwischen Sommer- und Wintersaison weniger ideal. Max Ungricht, Aviatik-Experte und für die Kommunikation der in Belp beheimateten SkyWork Airlines verantwortlich, hat Wintertage mit einem einzigen Flug erlebt. Den personellen Aufwand braucht es dann trotzdem. «Das ist ein struktureller Nachteil gegenüber grösseren Flughäfen.» Doch dank SkyWork hat der Flughafen seit 2011 auch im Winterhalbjahr eine durchgehende Grundauslastung.

Rund sechzig Prozent des Umsatzes generiert der Flughafen mit der Airline. Doch SkyWork muss wachsen, um langfristig erfolgreich zu sein, und will deshalb Schritt für Schritt das Netzwerk auf andere Flughäfen ausdehnen. Das Passagieraufkommen aus dem Grossraum Bern ist nicht unendlich, neue und ertragreiche mögliche Destinationen gibt es kaum. Im Vergleich zu anderen Flughäfen ist der Anteil an Geschäftsreisenden eher klein. Freizeitreisende sind in der Regel preisaffin und wenig zeitabhängig, und Fliegen ab Belp kostet, unter anderem aufgrund von Struktur, Gebühren, Kerosinpreis, mehr als anderswo. Dafür bietet Belpmoos kurze Wege und Eincheckzeiten, kein Gedränge und günstiges Parking. Wirtschaftliche Entwicklungen beschäftigen auch andere Flugunternehmer am Platz. Unterhaltsbetriebe bekunden grosse Mühe, neue Flugzeugmechaniker zu engagieren, es gibt kaum noch Schweizer Nachwuchs. In den Belper Hangars von Ruag Aviation und Privaten arbeiten immer mehr Amerikaner, Engländer, Australier, Tschechen.

Die Flugschule Alp-Air Bern verliert Schüler, aber auch Kunden der einst sehr beliebten Rundflüge. Wer zahlt noch 500 Franken, um über die Alpen zu gleiten, wenn er für 49 Franken nach Barcelona retour fliegen kann? Wozu all die Mühe, all das Geld für die Ausbildung zum Privatpiloten, wenn die Freizeitangebote immer mehr und günstiger werden?

«Fliegen befreit den Geist von der Tyrannei der Belanglosigkeiten», schrieb Antoine de Saint-Exupéry, der französische Schriftsteller und Pilot, und für den britischen Piloten und Schriftsteller Mark Vanhoenacker ist «Fliegen, wie jede grosse Liebe, sowohl Befreiung als auch Rückkehr».

Es ist dieser dichterische Standpunkt, dieses Schwebende, von dem Fotografin Daniela Wittmer in ihren Bildern erzählt, dieser kleine Zauber, der entsteht, wenn sich Menschen völlig hingeben, in diesem Fall ihren schwebenden Maschinen und dem Traum vom Fliegen.

Die Erde zu verlassen, das für sich ist ein Akt von einem gewissen Zauber.

So simpel sich das Prinzip des Fliegens physikalisch erklären lässt – dynamischer Auftrieb durch die Luftumströmung eines Flügels –, so magisch bleibt der Moment des Abhebens, des Hochobenüberallemseins. Das ist die Poesie des Fliegens: kaum in Worten festzuhalten. Aber in Bildern.

Die Fotografien in diesem Buch bilden ab, was wirklich ist und war; Daniela Wittmer ist während der langen Projektzeit sehr präsent «auf Platz» gewesen, wie sie es nennt, hat sich sofort in diesen Kosmos verliebt – und jede Form von Inszenierung gescheut. Ihr Entscheid für die Schwarzweissfotografie gründet im Bestreben, der emotionalen und ästhetischen Ebene mehr Platz einzuräumen. Der in der klassischen Aviatik-Fotografie so dominante technische Aspekt verliert dadurch an Schärfe, es entsteht Raum für Zwischentöne. Die Absicht ihrer Fotografie ist aber nicht die Negierung von Technik, sondern die Symbiose zwischen Technik und Ästhetik, Praxis und Poesie, Mensch und Maschine. Das ist letztlich die Quintessenz von «Fliegerfieber».

LIEBE, LUST UND KEROSIN

Love is in the Airport: Das Belpmoos lebt von der Leidenschaft seiner Menschen. Der Traum vom Fliegen ist ihr unerschöpflicher Treibstoff.

Zwei Avioniker (Aviatik-Elektroniker) von Ruag Aviation besprechen die Lage.

Liebe, Lust und Kerosin 13

Inniges Verhältnis auf Augenhöhe:
Rega-Pilot Bruno Wiederkehr
und «sein» Eurocopter EC 145.

14 Fliegerfieber

Ausflugroute Sierra.
Blick hinter den Belpberg.

Ein Helikopter der Mountainflyers – auch bei schwierigen Wetterverhältnissen im Einsatz.

Vorbereitung und Vorfreude:
Mountainflyer-Pilot mit Gast vor einem Ausflug.

18 Fliegerfieber

< Über 24 000 Flugstunden, eine Pilotenbrille: Willy Kunz ist Cheffluglehrer der Alp-Air Bern.

Mitglieder der Segelfluggruppe Bern bei der Flugvorbereitung.

Liebe, Lust und Kerosin 19

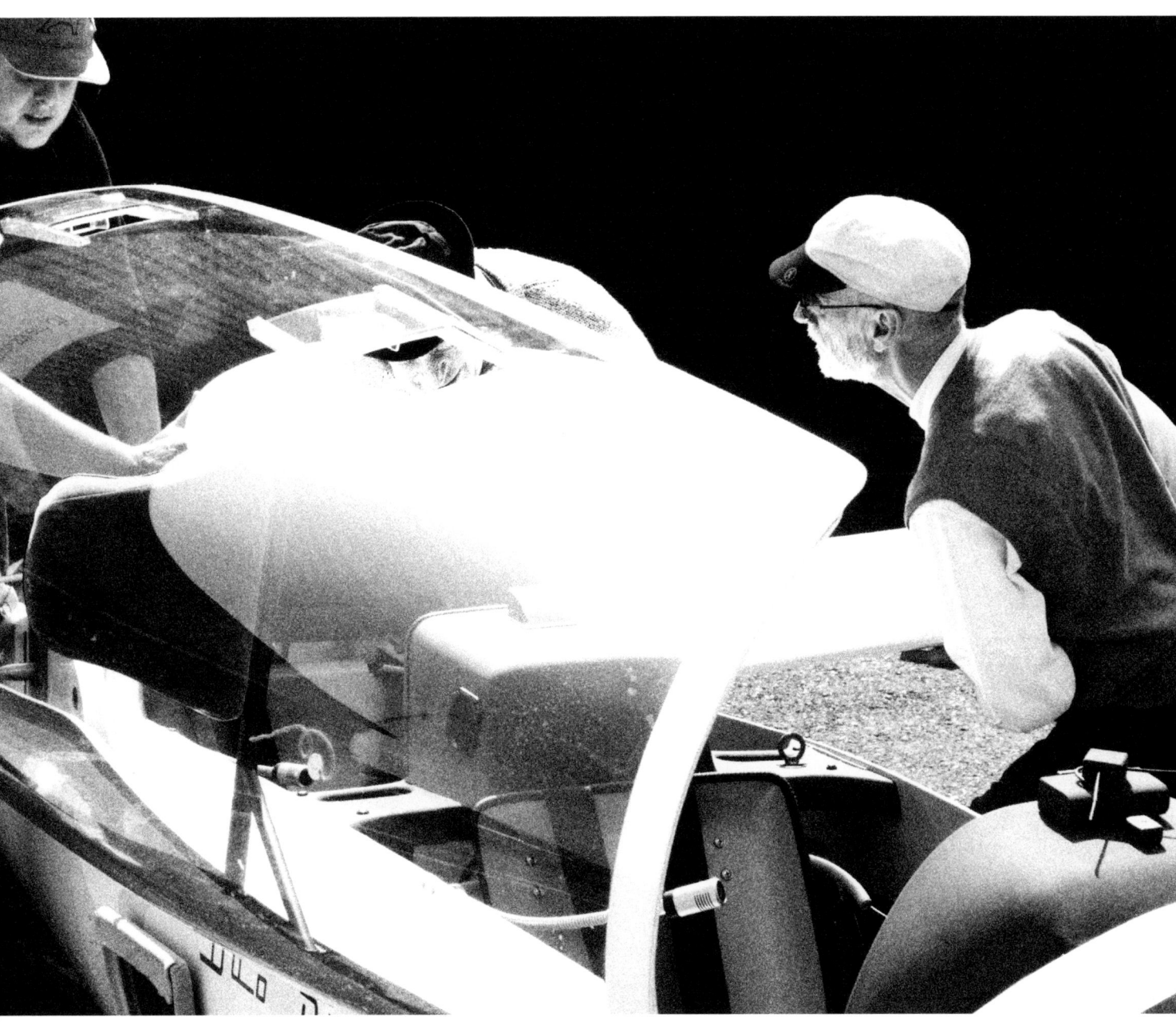

Piloten der Segelfluggruppe Bern beim gemeinsamen Aufbau eines Segelfliegers.

Segelflieger im Rückspiegel eines Schleppflugzeuges. >

22 Fliegerfieber

Unverkennbar auf dem Flughafen Bern-Belp:
die Aussichtskugel für die Wartenden.

Liebe, Lust und Kerosin 23

Ein Flugschüler von Swiss Helicopter beim Check.

Airmatec-Chef André Schneeberger mit einem Mitarbeiter im Hangar seines Unternehmens.

Ein Privatpilot und Schüler der Alp-Air Bern bei der Ölkontrolle vor dem Abflug.

Blick von Bern-Belp Richtung Berner Oberland.

Blick aus einer Cessna 172 kurz vor der Landung auf Piste 32. Im Vordergrund sichtbar: Teil des Fahrwerks.

Liebe, Lust und Kerosin 27

Vor dem Abflug: Fluglehrer und
Schüler beim Outside-Check einer
Cessna 172.

PUNKTLANDUNG AUS PRINZIP

Jede Schraube zählt: In den Belper Hangars warten Flugzeugmechaniker akribisch ihre Maschinen. Und stehen beispielhaft für die Luftfahrt, die ohne Ordnung und Präzision nicht sein kann.

Ein Mechaniker der Schweizer Luftwaffe retabliert einen Super Puma.

Hangar der Swiss Helicopter Maintenance.

Mechaniker der Swiss Helicopter Maintenance vertieft in die Arbeit: Blick durch die Heckrotor-Konfiguration.

Wartung an kleineren Maschinen im Hangar der Airmatec. >

Andreas Giese wartet mit Vorliebe sein «Baby», den Bundesratsjet.

Punktlandung aus Prinzip 35

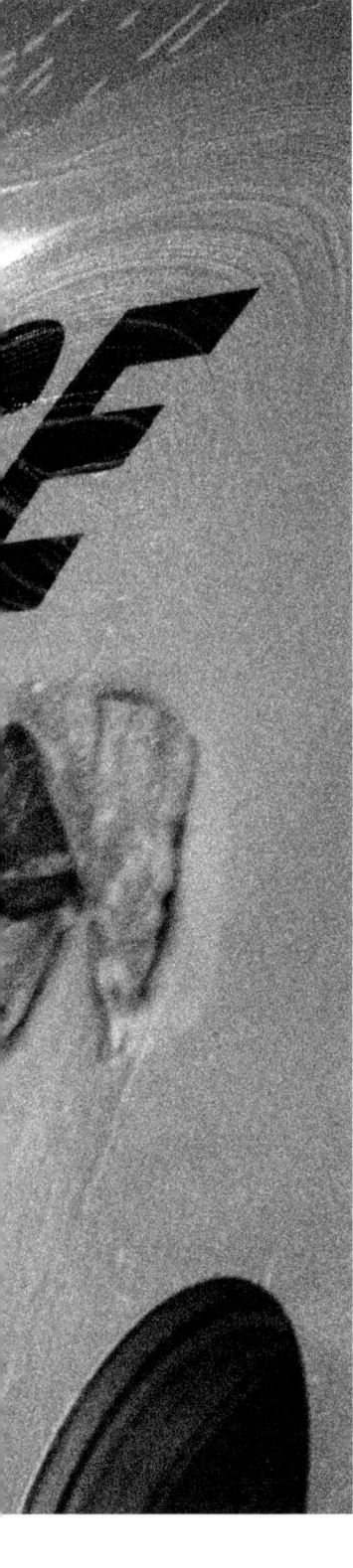

Ruag Aviation:
Mechaniker im Einsatz.

Innenleben einer Maschine während der Wartung bei der Ruag Aviation.

Mechaniker der
Swiss Helicopter Maintenance.

Punktlandung aus Prinzip 39

Flugzeugmechaniker Peter Bauhart
bei der Arbeit für Swiss Helicopter
Maintenance.

Ruag Aviation: Wartung auf dem
Dach einer SkyWork-Maschine.

Pflege für den Bundesratsjet.

Waschaktion im Hangar
der Schweizer Luftwaffe.

Res Guggisberg ist Flughafenmitarbeiter und unter anderem für die Grünflächen am Flughafen zuständig. Hier bereitet er den Traktor für einen Einsatz vor.

Letzte Schritte vor Abschluss einer Flugzeugwartung im Hangar der Airmatec.

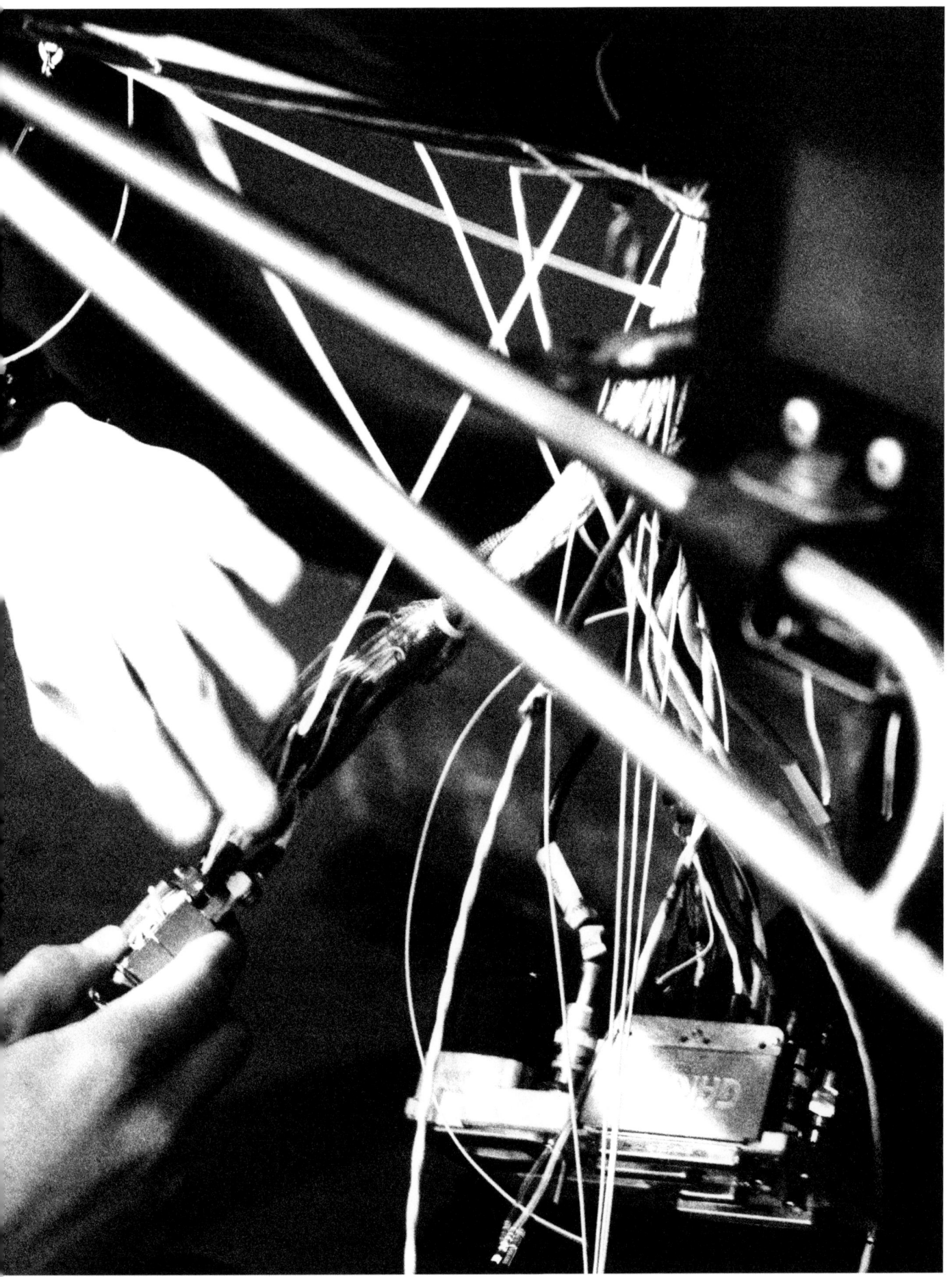

46 Fliegerfieber

‹ Mechaniker der Swiss Helicopter Maintenance arbeitet an der Elektronik eines Hubschraubers.

Basisleiter Bruno Wiederkehr im Rega-Hangar.

Punktlandung aus Prinzip 47

Waschtag für eine einmotorige
Maschine bei Airmatec.

FAMILIAIR

Team Belp startklar: Dieser Flughafen ist fast wie eine Familie. Und Fliegen wie Mannschaftssport. Der Captain alleine kann's nicht richten.

Flughafensicherheitspersonal bei einer nächtlichen Pause im kleinen Büro.

Eine SkyWork-Airlines-Crew im Anmarsch: Blick aus dem Tower.

Ramper Didier Delaquis manövriert im Flugzeugschlepper einen Privatjet über den Runway.

Bodenpersonal im Einsatz.

Familiair 51

54 Fliegerfieber

⟨ Piloten und Mechaniker vor dem Boarding eines Super-Puma-Helikopters.

Zwei Piloten der Schweizer Luftwaffe im Austausch auf der Bundesbasis.

Familiair 55

Crew-Briefing der SkyWork Airlines, frühmorgens in den Räumlichkeiten des Flughafenhauptgebäudes.

Super-Puma-Piloten der Schweizer Luftwaffe bereiten sich auf einen Einsatz vor. >

58 Fliegerfieber

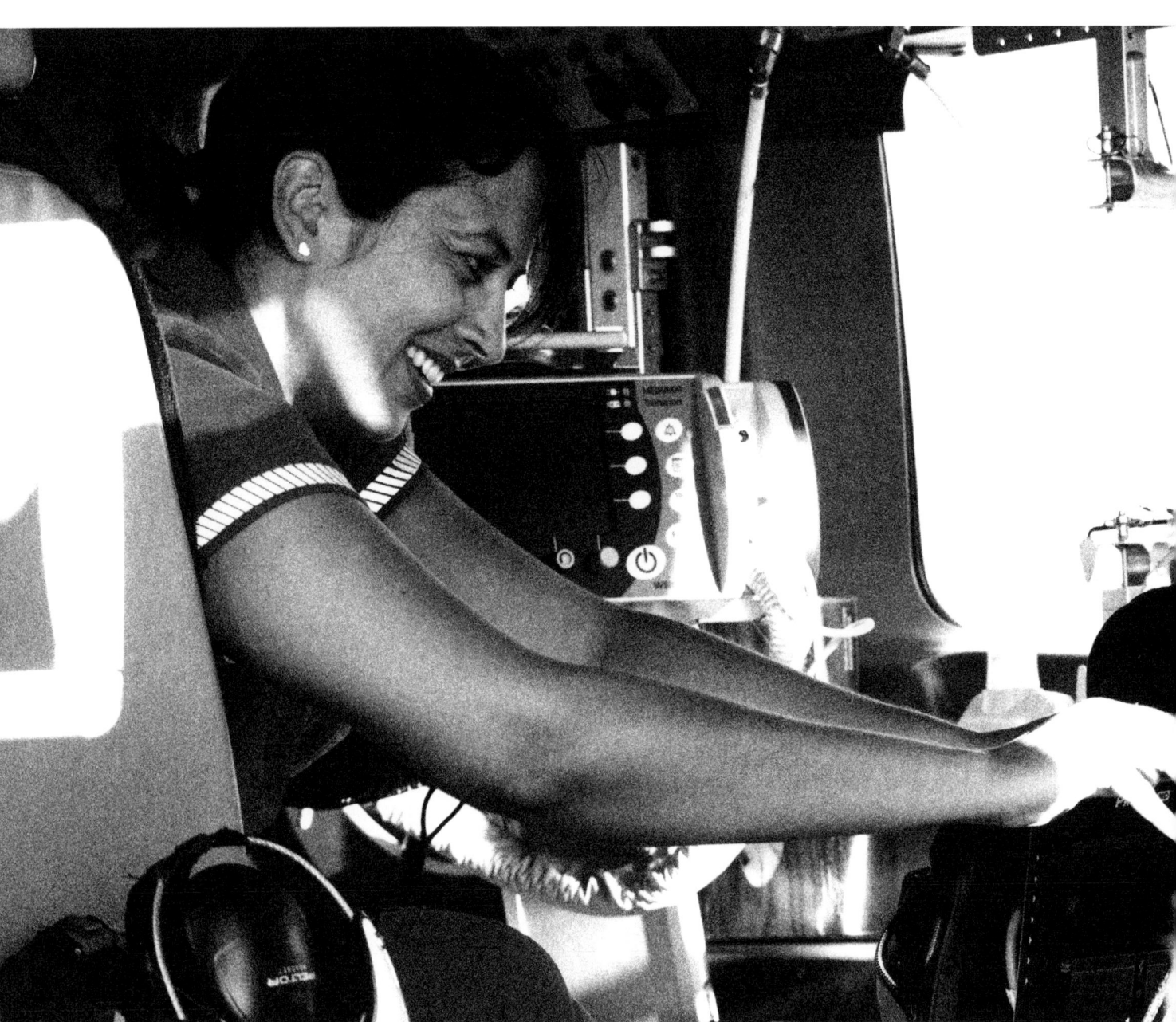

Rega-Notärztin Juliane
Noveanu bei der Kontrolle
ihrer Arbeitsutensilien.

Familiair 59

Rega-Rettungssanitäter
Daniel Oesch hebt gleich ab.

Dem Bundesratsjet gilt die ganze
Aufmerksamkeit: Szene im Hangar
der Bundesbasis.

Der Rettungshelikopter Eurocopter EC 145 wird wöchentlich gewaschen und geputzt.

Stolz und sauber: der Bundesratsjet im Hangar der Bundesbasis. >

64 Fliegerfieber

Vier Augen sehen mehr
als zwei: Avioniker der
Ruag Aviation im Dialog.

Auch der Polizeihund ist
ein wichtiges Mitglied der
Flughafenbesatzung.

66 Fliegerfieber

Feuerwehrmänner während einer Übung auf dem Flughafengelände.

Familiair 67

Simulierter Brand:
Einsatz in einer Werkstatt
des Flughafens.

SCHÖN ABGEHOBEN

Die atemberaubende Ästhetik der Aviatik: Fliegen ist schön. Auch wenn man nicht im Flugzeug sitzt.

Privatmaschine auf dem Vorfeld, vom Tower aus gesehen.

< 5.30 Uhr, Enteisung an einer Dornier 328.

Frühmorgens: Enteisungsmaschine, Flugzeug und Tower.

Ein Helikopter der Schweizer
Luftwaffe unmittelbar nach
der Landung.

74 Fliegerfieber

Privater Jumbolino
auf dem Vorfeld.

76 Fliegerfieber

Fünf Uhr morgens in Belp.

Schön abgehoben 77

Eine Heckflosse umgeben von Dunkelheit.

Maschinen im morgendlichen Nebel. >

80 Fliegerfieber

Take-off von N737M, einer Boeing
737-800/BBJ2 in Privatbesitz.

Planespotter der Flugzeugerkennung Bern (FEBE).

Der Arbeitstag beginnt frühmorgens.

Schön abgehoben 83

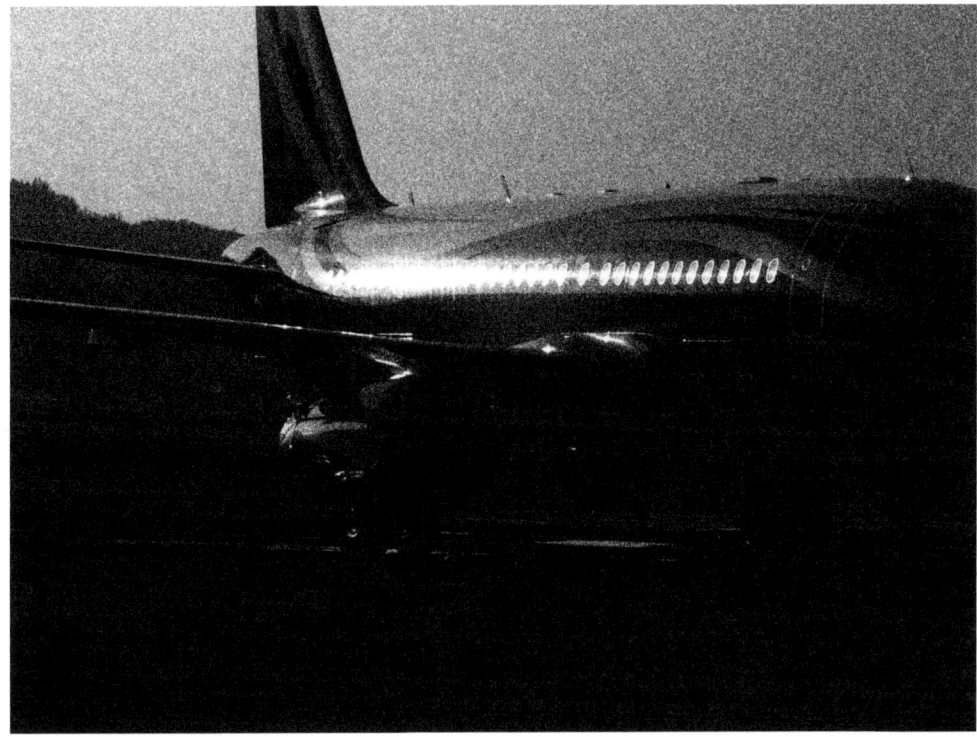

Privatmaschine zu Gast
in Belp.

Parkierte Privatjets
auf dem Vorfeld. >

UNIFORMIERTES UNIVERSUM

Grenzenlose Freiheit dank klaren Grenzen: Wie an allen Flughäfen dieser Welt gibt es auch in Bern-Belp keine Ambivalenzen — sondern Strukturen, Linien, Regeln.

Ramper bei der Einweisung einer ankommenden Maschine.

Ein Flugzeug als Erscheinung:
Blick aus dem Tower.

Fluglotse Sirus Shojai an der Arbeit im Tower.

Eva Staehelin, Pilotin, Fluglehrerin und Besitzerin der Flugschule Alp-Air Bern, im Cockpit einer Cessna 172.

90 Fliegerfieber

Blick vom Hauptgebäude über die
winterliche Flughafenlandschaft.

Uniformiertes Universum 91

Flughafenpolizist mit Hund
auf Patrouille.

92   Fliegerfieber

Skyguide-Fluglotse
Adrian Meier am Funk.

Parkierte Privatmaschine,
der Himmel voll Nebel.

Büro mit Aussicht:
Skyguide-Fluglotsen bei
der Arbeit im Tower.

94 Fliegerfieber

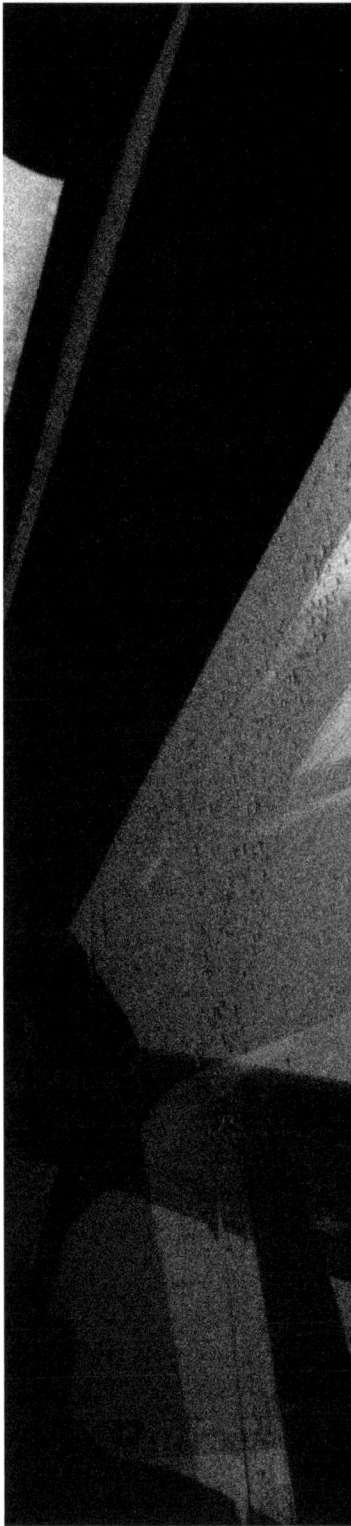

Enteisung: Ramper Simon Horisberger
bei der Arbeit.

Die Enteisungsmaschine «Eisbär 2» trotzt dem Belper Winter.

Uniformiertes Universum 97

Bundesbasis, Schweizer Luftwaffe:
Super-Puma-Mechaniker vor
dem Abflug. Nach dem Start wird er
zum Flugbegleiter.

‹ Flughafenmitarbeiter bei der Arbeit.

Ein Flugzeug wird nach der Landung von einem Ramper eingewiesen.

Uniformiertes Universum 101

Letzter Austausch vor dem Abflug: Privatmaschine des Unternehmens Alpine Sky Jet.

FLUGHAFEN GESCHICHTEN

Ohne Liebe keine HB-SEX

Die Suche nach dem kleinen Emil dauerte acht Jahre. André Schneeberger hat ihn gesucht und gesucht und schliesslich gefunden. Den Kompass der Firma Askania, Herstellungsdatum 2. Oktober 1933, damals montiert im Cockpit eines deutschen Verbindungs- und Trainingsfliegers für Offiziere. Denn da ist diese Passion, die der Thuner im Hinterzimmer seines Büros der Airmatec am Flughafen Bern-Belp pflegt: jenen Oldtimer-Tiefdecker der deutschen Luftwaffe originalgetreu zu restaurieren.

Hangar, Büro, Hinterzimmer, Schneeberger wandelt auf engstem Raum zwischen seinen Aviatik-Welten hin und her. Vorne reparieren und inspizieren die Angestellten klein- und mittelgrosse Flugzeuge. Im Büro managt er, der Chef, die Firma Airmatec. Und wenn sich Feierabend über den Flugplatz senkt, trägt ihn die Liebe zur fliegenden Maschine gerne ins Hinterzimmer. Hier tüftelt und werkelt er seit vierzehn Jahren zusammen mit Christian Eibicht am Projekt HB-SEX (ERLA 5A). Unter dieser Immatrikulation erhält die Maschine, gebaut 1934 in den Leipziger Erla-Werken, ein zweites Leben in der Luft. Das Flugzeug ist original, defekte Teile werden nachgebaut, hundert Stunden Schleifarbeit inklusive. Das Instrumentenbrett ist komplett, Schneeberger hat fast alles übers Internet gefunden. «Ein solches Flugzeug hat nur einen Wert, wenn es möglichst original ist.» Und der ist so gross, dass Audi es abkaufen wollte. Denn damals, 1934, war es das erste Flugzeug mit einem Audi-DKW-Motor.

Aber Ändu, wie ihn in Belp alle nennen, sagte zu Audi: «Unverkäuflich. Flieger sind da, um zu fliegen, nicht fürs Museum.» Besonders HB-SEX, der einstige Kunstflieger. «Er hat es verdient, dass man zusammen etwas spazieren fliegen geht.» Ob die Maschine wirklich flugtauglich ist, lässt sich nur prüfen, indem man sie abheben lässt. Ja, der kleine Emil ist bereit zu neuen Abenteuern. Der zweite Jungfernflug soll 2017 stattfinden.

> «Ein solches Flugzeug hat nur einen Wert, wenn es möglichst original ist.»

Salzstängeli im Super Puma

Die Armasuisse, das Bundesamt für Rüstung, betreibt in Belp drei Hangars. Einen hat sie dem Bundesamt für Zivilluftfahrt vermietet, die anderen zwei der Luftwaffe. Letztere parkiert in einem der beiden Hangars ihre Bundesratsjets, im anderen diverse Helikopter, darunter einen Super Puma. Die Hallen der Armasuisse sind das Reich der Flugzeugmechaniker, ihr Mantra ist die Akribie. An einer Wand hängt eine wilde Collage aus über hundert Stickern der Welt der Aviatik, im Radio singt Prince «Purple Rain», und Andreas Giese zieht im Cockpit des Super Pumas in aller Ruhe die Uhren auf. Der Militärhelikopter stammt aus dem Jahr 1998, als noch vieles mechanisch war. Punkt neun Uhr muss er in die Luft. Der Terminplan jenes Bundesrats, den die Crew abholen wird, ist dicht befrachtet. Mit einer kleinen Delegation geht es zuerst nach Liechtenstein, danach ins Toggenburg. Giese, seit 2005 in Belp, befreit die Tanks von Wasser, er pumpt die Reifen nach, überprüft sämtliche Verschlüsse und Ölstände – alles nach Checkliste. Und nach jedem Einsatz von Neuem. Retablieren heisst dieser Vorgang, der bis zu zwei Stunden dauert.

Schliesslich setzt sich Giese in einen kleinen Elektroschlepper, Marke Still R 07-25, und manövriert den Puma ins Freie. Mit einem Tanklastwagen füllt er die bestellte Menge Düsenkraftstoff ein. Er legt sein blaues Mechanikergewand ab, zieht Helm und Pilotenuniform an – denn heute fliegt er mit. Der Mechaniker bildet zusammen mit den zwei Piloten die Crew. Bevor er in den Helikopter steigt, deponiert er neben seinem Sitz eine Kühltasche mit Getränken und ein kleines Körbli; Salzstängeli lugen hervor, eine Packung Toblerone. In der Luft wird er zum Flugbegleiter, bietet den hochrangigen Gästen, die sich in den komfortablen VIP-Sitzen einen Moment der Ruhe gönnen können, Snacks an. Zumeist sind es Regierungsmitglieder, Giese hat schon viele erlebt. Man kennt sich mit der Zeit. Zwei von seinen Kollegen, erzählt er, würden in ihrer Freizeit einen Französischkurs besuchen. Damit sie auch den Romands an Bord zuvorkommende Gastgeber sein können.

Zwischen Alltag und Alarm

«Wenn ein Alarm reinkommt, dann erhöht sich sofort meine Aufmerksamkeit, auch heute noch, jedes Mal.» Als Rega-Rettungssanitäter ist Daniel Oesch das Bindeglied zwischen Aviatik und Medizin – in der Luft unterstützt er den Piloten, am Boden den Notarzt. Oesch, zusammen mit Notärztin Juliane Noveanu und Pilot Bruno Wiederkehr, der die Basis leitet, mitten in einem 48-Stunden-Dienst, steht in Hausschuhen am Herd und bereitet das Mittagessen zu, Salat, Champignons, Poulet. Letzteres brutzelt auf dem Grill, Niedergar. Die Rega-Basis Belp ist immer im Dienst, 365 Tage im Jahr, 24 Stunden am Tag. Pro Tag fliegt sie im Schnitt drei Einsätze, auf der Basis lebt die Dreier-Crew in einer Art WG zusammen. Im hinteren Teil finden sich die Küche und ein Wohnzimmer mit Fernseher und Esstisch, draussen hat sich Oesch einen kleinen Kräutergarten angelegt. Er und Pilot Wiederkehr sind seit zwanzig Jahren dabei. «Oft verstehen wir uns blind, das hilft im Einsatz – und in der WG», sagt Oesch und lacht. Das Familiäre des Flughafens Bern-Belp: In diesen Räumlichkeiten entfaltet es sich in ganzer Pracht.
Jeden Morgen gibt man sich zur Begrüssung die Hand, befragt sich im Briefing: «Wie geht es dir? Bist du fit to fly?» Die enge Zusammenarbeit innerhalb der Crew ist essenziell: «Wir brauchen gereifte Persönlichkeiten mit einem grossen Rucksack an fliegerischer oder medizinischer Erfahrung.» War ein Einsatz besonders aufwühlend, berücksichtigt dies die Einsatzzentrale und verschafft der Crew bei Bedarf eine Auszeit. Zwar perfektioniert die Rega die Symbiose Mensch und Maschine, aber der Mensch bleibe Mensch. «Gefühle müssen Platz haben.» In den meisten Fällen, die die Crew fliegt, heisst es Naca 4 und höher. Die Skala von 0 bis 7 bezeichnet den medizinischen Schweregrad der Verletzung oder Erkrankung, ab Stufe 5 ist die Lebensgefahr akut. Daniel Oesch serviert gerade das Mittagessen, als das Funkgerät an seinem roten Rega-Kombi penetrant zu piepsen beginnt. «Jetzt», sagt er mit spürbar erhöhter Aufmerksamkeit, «müssen wir los.» Im Kanton Aargau ist ein achtjähriges Mädchen gestürzt, mehr weiss das Rega-Team nicht. Drei Minuten später ist der Helikopter in der Luft. Das Poulet muss warten.

> «Wir verstehen uns blind, das hilft im Einsatz – und in der WG.»

Das Auge fliegt mit

Luftfahrtzeuggerätemechaniker, so lautet Hans-Peter Zürchers offizieller Titel. Ein defekter Zündmagnet ist in seiner Werkstatt der Firma Swiss Helicopter Maintenance gelandet. Nun tätigt er eine kleine Zwischeninspektion, um zu sehen, ob noch was zu retten ist. Es gibt viele knifflige Fälle, weiss er aus 36 Jahren Erfahrung.

In seiner Westentasche trägt er ein Flugfunkgerät, immer angeschaltet. Damit er nichts Wesentliches verpasst, denn Hans-Peter Zürcher ist, im Nebenamt quasi, auch Planespotter. Er fotografiert Flugzeuge, digital und analog, für das Airport-Magazin und vor allem für sich selbst. 30 000 bis 40 000 Maschinen habe er in Belp schon aufgenommen, und er hat noch lange nicht genug. «Es ist grauenhaft», findet er selbst und lacht, sein Verstand sage ihm oft: «Du weisst doch langsam, wie ein Flugzeug aussieht.» Aber wenn er etwa erfahre, dass ein Dassault-Falcon-7X-Business-Langstreckenjet gleich in Belp lande — «dann muss ich raus». Der 60-Jährige packt seine Kamera, steigt aufs Töffli und fährt zum Gürbedamm, wo er die beste Sicht auf die Rollbahn hat. «Diese Faszination ist sehr schwer zu erklären.» Er teilt sie mit Kolleginnen und Kollegen im Verein Flugzeugerkennung Bern, kurz FEBE. 150 Mitglieder zählt die Gruppe, 30 bis 40 Spotter bilden den harten Kern.

Und was macht ein schönes Flugzeug aus? «Auch das ist schwer in Worte zu fassen», sagt er und findet doch welche: Eleganz sei entscheidend, Eleganz und Grazie in Form und Ausstrahlung. «Schönheit ist da, wenn mich ein Flugzeug optisch fesselt. Ja, fesseln, das ist das richtige Wort.» Ästhetisch von Belang ist auch die Bemalung. Gerade kürzlich entdeckte er von Weitem diese auffällig gespritzte Maschine der kroatischen Trade Air, eine zweistrahlige Fokker 100, parkiert auf dem Tarmac des Flughafens. Er habe sich gedacht: «Ou hoppla, ein ganz bunter Vogel.» Ihm blieb keine Wahl: Kamera fassen und rauf aufs Töffli.

> Er packt seine Kamera, steigt aufs Töffli und fährt zum Gürbedamm.

Alphatiere, Bravo, Charlie

Es hat immer zu wenig Fluglotsen. Auf der Welt und auch in Belp. Hier ist die Herausforderung nicht das schnelle Nacheinander, sondern das grosse Durcheinander. Dem Segelflieger folgt ein Ferienjet, und gegenüber startet der nächste Helikopter. Hobbypiloten sprechen die gleiche Sprache wie Berufspiloten, haben dieselben Pflichten und Rechte. Aber nicht die gleiche Erfahrung.

Je nach Luftverkehrsaufkommen sitzen im Turm von Belp bis zu drei Fluglotsinnen und Fluglotsen. Sie ordnen den Mittellandhimmel unterhalb von 3500 Metern, bedienen die Schaltzentrale dieses kleinen Universums und haben den vielleicht schönsten Büroplatz von Bern. Ihr Tagwerk dauert sieben Stunden, und sie verdienen das Gehalt eines Linienpiloten. Aus den verschiedensten Branchen kommen sie, und doch haben sie vieles gemeinsam. «Fluglotsen sind meist Alphatiere», sagt Sascha Herzog. Der 45-Jährige war früher Radiomoderator und ist heute Ausbildungsverantwortlicher bei Skyguide in Belp. 16 Lotsen beschäftigt die nationale Flugsicherungsgesellschaft hier, darunter zwei Ausländer. Die Arbeit ist international standardisiert, das Fliegeralphabet für den Funkverkehr weltweit dasselbe: Alpha, Bravo, Charlie, …

Flugzeuge sicher durch den Himmel auf den Boden zu lotsen und umgekehrt: Das kann nur, wer psychisch stark belastbar ist, ein ausserordentliches räumliches Vorstellungsvermögen besitzt, in kürzester Zeit diverse Aufgaben bewältigt und maximal verantwortungsbewusst ist.

«Alles zusammen, das ist die Krux», sagt Herzog. Ein Minimanko – und man ist weg vom Towerfenster. Auf 100 Bewerbungen schickt Skyguide 94 Absagen. Die Aspiranten, die das mehrtägige Selektionsverfahren überstehen, beginnen eine dreijährige Ausbildung. Jeder Zweite scheitert dann an dieser Hürde. Es hat immer zu wenig Lotsen.

> Ihr Tagwerk dauert sieben Stunden, und sie verdienen das Gehalt eines Linienpiloten.

Die Fotografin

Daniela Wittmer, geboren am 6. April 1981 in Bern, arbeitet hauptberuflich als selbständige Designerin und Fotografin. Vor wenigen Jahren hat sie sich in Bern-Belp einen grossen Traum erfüllt: die Ausbildung zur Privatpilotin. Daniela Wittmer war schon in ihren frühen Studienjahren viel unterwegs. Nach der eidgenössischen Matura am Gymnasium Langenthal mit Schwerpunkt im Bereich bildnerisches Gestalten besuchte sie den Vorkurs an der Akademija Umetnosti (Akademie der Künste) in Novi Sad, Serbien. 2002 begann sie ihr Studium an der Hochschule der Künste

Bern. Davon verbrachte sie ein Semester an der Ecole Nationale Supérieure des Arts Décoratifs in Paris. 2006 schloss sie ihr Studium als Designerin Visuelle Kommunikation FH ab. Nach zwei Auslandpraktika in Kommunikationsagenturen in Berlin und Los Angeles arbeitete sie von 2007 bis 2008 im Atelier Roger Pfund in Genf. 2009 wechselte sie zu Thömus Veloshop in den Bereich Gestaltung und Kommunikation. Berufsbegleitend absolvierte sie ihr zweites Studium, einen MAS in Communication Management an der Hochschule Luzern, vermehrt nahm sie selbständige Aufträge in den Bereichen Corporate Design, Illustration und Fotografie an. Seit 2011 arbeitet sie nebenberuflich in einer Berner Eventagentur, setzt aber den Fokus immer mehr auf ihre Tätigkeit als selbständige Fotografin. Daniela Wittmer lebt in Bern.

Der Autor

Pierre Hagmann, geboren am 21. Oktober 1982 in Olten, lebt heute in Bern. Er arbeitet hauptberuflich als Journalist in den Bereichen Sport, Kultur und Gesellschaft. Dabei beschäftigt er sich immer wieder auch mit gesellschaftlichen und ökonomischen Aspekten der Aviatik. Nach seinem Studium der Kommunikationswissenschaften an den Universitäten Fribourg und San Pablo Madrid war er hauptsächlich für die «Berner Zeitung» und als Redaktionsleiter des Oltner Stadt- und Kulturmagazins «Kolt» tätig. Heute arbeitet er freischaffend als Journalist und Textproduzent unter anderem für «Tages-Anzeiger», «Berner Zeitung» und «Die Zeit». Zudem ist er Kommunikationsverantwortlicher beim Eishockey Club Olten.

Dank

Ganz besonderen Dank an
Manuel Balmer
Christoph Bigler
Beatrice Gukelberger
Walther Guyer
Tulla Häberlin
Pierre Hagmann
Marcel Hunziker
Jasmin Jacobs
Gerhard Jansen
Willy Kunz
Youri Laubscher
Sarah Levy
Ulrich Obrecht
Patent Ochsner
Ueli Roth
Martin Ryff
André Schneeberger
Ruth Stadelmann
Eva Staehelin
Rudolf Stämpfli
Lukas Steiner
Erich Traber
Susann Trachsel-Zeidler
Adèle Tschirky
Silvia Utiger
Theo Wittmer
Ursula Wittmer

Danken möchte ich auch folgenden Organisationen und Institutionen für ihre finanzielle Unterstützung:
Airmatec
Berner Aeroclub
Berner Kantonalbank
Burgergemeinde Bern
Ruag Aviation
Swiss Helicopter Maintenance AG
Swisslos/Kultur Kanton Bern
Valiant Bank, Belp

Herzlichen Dank auch an alle grossen und kleinen Sponsoren, die im Rahmen des Crowdfundings auf www.wemakeit.com mitgemacht haben. Ihr habt das Projekt grosszügig unterstützt und dazu beigetragen, dass «Fliegerfieber» fliegen kann.

All den anderen hier nicht genannten Unterstützern, Mitdenkern, Ideengeneratoren, Vorschlägemachern, Freunden und Mentoren sei hier ebenfalls gedankt.

Danke für die Zusammenarbeit auf dem Flughafen Bern-Belp an
Airmatec
Alp-Air Bern AG
Alpine Sky Jets Ltd.
FEBE Flugzeugerkennung Bern
Flughafen Bern AG und alle ihre Mitarbeitenden
Flughafen Feuerwehr
Kantonspolizei und Grenzpolizei
Mountain Flyers 80 Ltd.
Rega Bern
Ruag Aviation
Segelfluggruppe Bern
Schweizer Luftwaffe und Bundesbasis
Skyguide
SkyWork Airlines
Swiss Central Baggage Tracing
Swiss Helicopter AG
Swiss Helicopter Maintenance AG
volcano KM Partner Ltd.